Grands Événements | numéro 27

LA RÉFORME PROTESTANTE,
DE LUTHER À CALVIN

— La réponse aux abus
de la religion catholique

par Jonathan Bloch

50MINUTES

Avec la collaboration de Ludivine Péchoux

DEVENEZ INCOLLABLE
EN HISTOIRE !

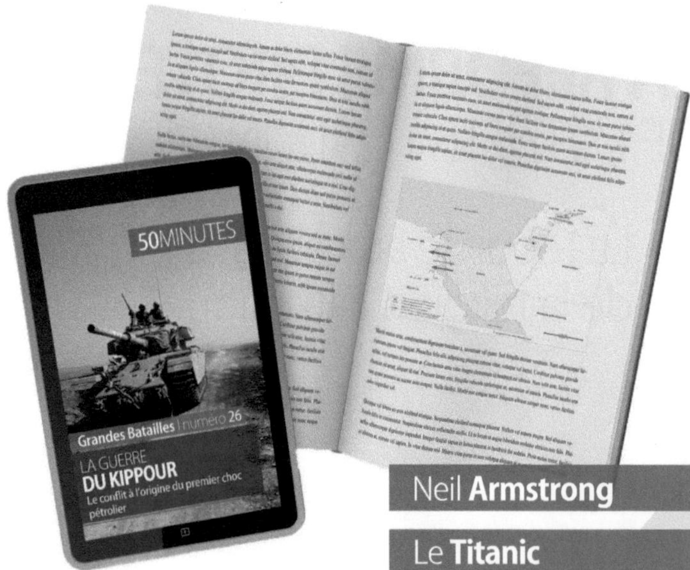

Neil **Armstrong**

Le **Titanic**

George **Washington**

Christophe **Colomb**

Jacques **Cartier**

www.50minutes.com

LA RÉFORME

- **Quand ?** La Réforme protestante commence en 1521 et se prolonge durant tout le XVIe siècle.
- **Où ?** En Allemagne, dans le Benelux, en France, en Grande-Bretagne, en Scandinavie et en Suisse.
- **Contexte ?** La corruption de l'Église catholique et l'opportunisme des princes ont favorisé l'essor de trois mouvements chrétiens contestataires (le luthéranisme, le calvinisme et l'anglicanisme), qui renient l'autorité du pape et proposent une réforme du clergé ainsi qu'une réorganisation théologique du culte.
- **Protagonistes principaux ?**
  - Érasme, chanoine augustin hollandais, prince des humanistes (1467-1536).
  - Thomas More, chancelier d'Angleterre (1478-1535).
  - Martin Luther, moine augustin allemand et théologien de Wittenberg (1483-1546).
  - Huldrych Zwingli, aumônier et prédicateur suisse (1484-1531).
  - Jean Calvin, réformateur français (1509-1564).
- **Répercussions ?** L'essor du protestantisme provoque en réponse un mouvement de Contre-Réforme très important au sein de l'Église catholique. Les répercussions seront nombreuses et provoqueront notamment le développement du mouvement laïc en Europe.

Les historiens appellent communément Réforme protestante l'émergence de trois mouvements religieux chrétiens (luthéranisme, calvinisme et anglicanisme) qui, au XVIe siècle, renient l'autorité du pape et proposent une réorganisation en profondeur du clergé et du culte chrétien. Cette réforme s'implante surtout en Allemagne, au Benelux, en France, en Grande-Bretagne, en Scandinavie et en

Suisse. Elle aura des répercussions souvent dramatiques et san-
glantes, en raison de sa dimension politique : cette période est en
effet connue pour être celle des guerres de religion.

Devant la sédition bornée des protestants, l'Église catholique se lance
dans un vaste programme de Contre-Réforme à partir du concile de
Trente (1545-1563). Mais elle est incapable de soumettre à nouveau
les fiefs protestants sous son autorité spirituelle. Les principautés
germaniques et le royaume de France menacent pourtant d'implo-
ser en raison de leurs dissensions religieuses internes. Finalement,
l'empereur Charles Quint (1500-1558) et le roi Henri IV (1553-1610)
sont contraints de prendre des décisions drastiques pour leur époque.
En concluant la paix d'Augsbourg (1555) et en promulguant l'édit de
Nantes (1598), ils font chacun passer la raison d'État avant l'obligation religieuse. C'est un premier pas qui est franchi vers la laïcisation
de l'État, bien que leurs successeurs respectifs feront souvent marche
arrière, pour des résultats parfois désastreux.

CONTEXTE

UNE CHRÉTIENTÉ BIGARRÉE

Comme l'ont souligné plusieurs travaux d'historiens ces dernières décennies, en particulier ceux de Simon Ditchfield et de Jean Delumeau, il ne faut pas croire que l'Europe, à l'aube de la Réforme protestante, constitue une chrétienté unie et solide. Il s'agit au contraire d'un monde bigarré, où les éléments païens sont encore très présents. De part et d'autre de la Loire et du Rhin, le christianisme se vit différemment selon les régions. Le folklore y diffère en effet sensiblement. Ainsi, dans les villes, les laïcs s'associent en confréries de métier, chacune placée sous la protection d'un saint. En outre, elles disposent toutes d'un agenda de fêtes et de processions qui leur est propre, indépendant du calendrier liturgique. Cette situation permet au protestantisme de s'implanter progressivement, sans rencontrer la résistance qu'un catholicisme uniforme aurait pu lui opposer.

La Réforme protestante est un électrochoc. Les élites, autant catholiques que protestantes, remarquent que les masses échappent à leur contrôle. Dès lors, si l'on connaît certes le récit des grands missionnaires jésuites et franciscains des XVIe et XVIIe siècles, qui se rendent outre-mer pour évangéliser les populations d'Amérique et d'Asie, il ne faut pas oublier qu'une part importante de l'effort missionnaire se focalise sur l'Europe, où l'on observe un mouvement de résistance face à la disparition de l'ancien folklore païen.

LES MALAISES DE L'ÉGLISE CATHOLIQUE

Avant que Martin Luther, fondateur du luthéranisme, et Jean Calvin, fondateur du calvinisme, ne conçoivent leurs doctrines religieuses, ne critiquent les pratiques du clergé et ne rejettent l'autorité pontificale, l'Église catholique marchait déjà à pieds nus sur un lit de braises. La tâche des protestants est donc moins de lutter contre un terrifiant colosse que de priver un vieillard de sa canne.

En effet, depuis le XIVe siècle, l'Église catholique s'embourbe dans la corruption et les querelles politiques, sans plus connaître d'élan spirituel novateur. Elle se heurte à une série de défis internes, tantôt idéologiques, tantôt institutionnels, dont elle ne ressort jamais grandie. Coup sur coup, les théologiens John Wyclif (1320-1384) et Jan Hus (1370-1415) critiquent la corruption du clergé et s'interrogent sur sa réelle utilité spirituelle. En outre, de 1378 à 1417, puis de 1439 à 1449, l'Église est disputée par plusieurs papes rivaux, qui s'excommunient mutuellement. La figure même du souverain pontife est donc remise en question et, de 1417 à 1439, celui-ci est placé sous l'autorité du concile œcuménique des évêques, qui doit théoriquement se rassembler tous les cinq ans.

Pendant ce temps, les hérésies populaires se multiplient. Les vaudois, dont le mouvement a commencé au XIIe siècle, persistent en Italie du Nord, avant de se retrancher plus profondément dans les Alpes, dès 1460. Les lollards, en Angleterre, causent des troubles durant tout le XVe siècle. En outre, l'Église lance une série de croisades consécutives (1417-1437) contre les hussites, disciples de Jan Hus, en Bohème (actuelle Tchéquie). Leur soulèvement provoque des remous à travers toute la chrétienté. Enfin, la lutte contre les païens de Lituanie s'éternise et la ville de Constantinople tombe aux mains des Turcs (1453).

DES MOUVEMENTS POPULAIRES MULTIPLES

Les vaudois

Pierre Valdès, ou Valdo (1140-1217), un riche marchand de Lyon, modifie de façon drastique son train de vie en 1175, après une lecture personnelle des Saintes Écritures. Il vend ses richesses, encourage la traduction de la Bible en langue vulgaire, sa lecture par tous, et devient le chef d'un mouvement laïc de prédicateurs. Mais, à l'époque, comme il est interdit, pour les laïcs, de prêcher ou de lire l'Évangile, Pierre Valdès et ses disciples, les vaudois, sont excommuniés par le concile de Vérone en 1184. Néanmoins, leur mouvement survit et traverse les siècles, malgré les violentes persécutions dont ils font l'objet.

Les lollards

À partir de 1382, le terme « lollard » – qui vient de *lullen* (« marmotter ») – désigne par dérision les adeptes de John Wyclif. Ceux-ci remettent en cause l'existence du clergé et critiquent le système des indulgences. Ils préconisent une redistribution des biens de l'Église et un retour à la vie mystique. Ce n'est qu'en 1415 que l'Église condamne et interdit formellement les écrits de Wyclif, même si Henri IV (1367-1413), roi d'Angleterre, persécute les lollards dès le début de son règne, en 1389.

Les hussites

Brillant théologien de Bohême, Jan Hus est à l'initiative de réformes gouvernementales qui favorisent l'emploi de la langue tchèque dans l'exercice du pouvoir dans une Bohême en proie à une crise identitaire. Mais il admire également les écrits de Wyclif, et quand il doit venir s'en expliquer devant le concile de Constance (1414-1418), en 1415, il est brûlé pour hérésie. Ceci provoque aussitôt une révolte sans précédent, au caractère national déterminé. Les Tchèques se soulèvent contre l'Église, l'ordre établi, et résistent aux attaques extérieures avec force, rejoints par les vaudois : la guerre fait rage de 1417 à 1437. Par la suite, la Bohême devient un foyer naturel pour la Réforme protestante.

Il n'y a qu'en Espagne que la chrétienté avance et gagne du terrain, aux dépens des royaumes musulmans, dans cette guerre interminable qu'est la Reconquista. Commencée en 722, celle-ci s'achève en 1492, avec la chute de Grenade face aux armées coalisées d'Isabelle de Castille (1451-1504) et de Ferdinand d'Aragon (1452-1516), époux autant qu'alliés politiques et militaires.

L'OPPORTUNISME DES PRINCES

Si, au XVIe siècle, les masses populaires sont trop superstitieuses et sous-éduquées pour comprendre les enjeux réels de la Réforme, et le clergé catholique trop affaibli pour y faire face avec efficacité, certains princes perçoivent ce changement comme une opportunité. Il s'agit pour eux d'une carte maîtresse, non seulement en vue de contrer les tentatives de centralisation du pouvoir, mais également afin de faire taire les témoignages d'opposition. En France et en Allemagne, plusieurs d'entre eux adoptent le protestantisme : en se déclarant d'une religion différente de celle de leur souverain, ils renforcent le particularisme régional de leurs États. Ceci conduira à plusieurs conflits sanglants. Les passions s'exacerbent, la violence se généralise, et Montaigne se lamente : « Notre religion est faite pour extirper les vices : elle les couvre, les nourrit, les incite. » (*Essais*, II, 12)

Mais le plus habile de tous les princes demeure sans aucun doute le roi d'Angleterre, Henri VIII (1491-1547). Lorsque la Réforme protestante éclate, en 1521, il commence par la condamner, écrivant même un ouvrage, *Défense des sept sacrements*, qui lui vaut d'être sacré « défenseur de la foi » par le pape Léon X (1475-1521). Ce n'est que quelques années plus tard qu'il comprend tout le potentiel de la Réforme. Alors en manque d'argent, s'il désire négocier une levée d'impôt avec le Parlement, il lui faudra consentir à des projets de loi qui entameraient son autorité. Or, s'il devient protestant, tous les biens du clergé, qui représentent une fortune considérable, pourront être saisis. Henri VIII demande donc, en 1527, l'annulation de son mariage pourtant consommé avec la princesse espagnole Catherine d'Aragon (1485-1536), ce que le pape lui refuse. S'appuyant sur ce prétexte, Henri VIII se proclame chef suprême de l'Église d'Angleterre en 1534, soit un an après avoir épousé sa maîtresse Anne Boleyn (1507-1536), et s'empare des richesses ecclésiastiques.

LE COMMERCE DES INDULGENCES

L'Église catholique reconnaît – encore aujourd'hui – deux types de péchés : les péchés mortels, irrémédiables, et les péchés véniels. Celui qui commet un péché mortel se voit condamné à la peine éternelle et devra se rendre en enfer. En revanche, quiconque a commis un péché véniel doit se rendre au Purgatoire afin d'expier ses fautes, avant de pouvoir accéder au Paradis. Le coupable écope donc d'une peine temporelle, c'est-à-dire transitoire, qui peut être écourtée : un fidèle peut demander une remise de peine non seulement pour lui-même, mais également pour un défunt. Cette remise est appelée indulgence.

La pratique des indulgences remonte aux premiers siècles du christianisme. Au début du XVIe siècle, cependant, elle se concrétise par une transaction monétaire entre le fidèle et l'Église, aux frais de ce premier. Le pape Léon X (1475-1521), afin d'embellir la basilique Saint-Pierre de Rome, vend ainsi des indulgences à partir de 1507, qui sont elles-mêmes achetées à partir de prêts financiers.

LA SIMONIE

La pratique qui consiste à vendre des biens à valeur spirituelle contre de l'argent se désigne par un terme précis, la simonie. Aux XVe et XVIe siècles, la simonie gangrène l'Église à tous les niveaux. Elle permet d'acheter non seulement des indulgences, mais également des fonctions ecclésiastiques. Un individu condamné à se rendre en pèlerinage dans un lieu saint, à cause d'un tort qu'il aurait commis, peut également payer quelqu'un pour s'y rendre à sa place.

ÉRASME, CHANOINE AUGUSTIN, PRINCE DES HUMANISTES

Né à Rotterdam en 1467, il fait ses premières études à l'école des Frères de la vie commune, à Deventer. Il emménage à Bâle, en 1521, où il achève une édition bilingue (latin-grec) du Nouveau Testament. À cette époque, il est déjà le maître à penser de l'humanisme et se trouve au cœur du réseau de correspondances appelé la République des lettres.

Quand Luther lance la Réforme protestante, Érasme partage certaines de ses idées (notamment la lecture des Évangiles par tous et le besoin d'intégrité spirituelle), mais défend le catholicisme. Il refuse toutefois le chapeau de cardinal. Son ouvrage le plus célèbre est *L'Éloge de la folie* publié en 1509, qu'il dédie à son ami Thomas More.

Il décède dans la nuit du 11 au 12 juillet 1536.

THOMAS MORE, CHANCELIER D'ANGLETERRE

Né en 1477, Thomas More accomplit de brillantes études de droit avant de devenir, en 1529, le chancelier d'Henri VIII. En parallèle, il prend part au mouvement humaniste, se lie d'amitié avec Érasme et rédige *L'Utopie*, en 1516.

Quand il commence sa fonction de chancelier, le roi d'Angleterre est alors en passe d'amorcer sa rupture avec Rome. Thomas More, défenseur du catholicisme, n'accepte pas cette situation et démissionne en

1532. Deux ans plus tard, il refuse de reconnaître Henri VIII comme chef suprême de l'Église d'Angleterre, ce qui lui vaut d'être exécuté en 1535.

MARTIN LUTHER, MOINE AUGUSTIN, THÉOLOGIEN DE WITTENBERG

Né en 1483, Luther suit, à l'instar d'Érasme, l'enseignement de l'école des Frères de la vie commune. En 1505, il éprouve une angoisse profonde quant au sens à donner à la vie. Afin de garantir son salut, il entre au couvent des Augustins d'Erfurt et fait carrière : il est ordonné prêtre en 1507 et devient docteur de théologie à l'université de Wittenberg en 1512. Toutefois, il vit dans la hantise d'un Dieu vengeur alors qu'il rêve d'un Dieu miséricordieux. Toute sa pensée théologique part de cet espoir fondamental.

Initiateur de la Réforme protestante, il renonce à ses vœux monastiques, démontre leur vacuité, aide à vider les monastères et les couvents, puis épouse en 1525 une ancienne nonne, Catherine de Bora (1499-1552), qui lui donnera six enfants. Il passe les dernières années de sa vie à répandre et à formaliser sa doctrine, combattant ses disciples déviants et la papauté romaine.

HULDRYCH ZWINGLI, AUMÔNIER ET PRÉDICATEUR

Né en Suisse en 1484, Huldrych Zwingli est l'un des nombreux admirateurs d'Érasme. Après l'excommunication de Luther (1521), il prêche la Réforme à Zurich. Mais, à l'inverse de son mentor, il ne conçoit pas de réforme religieuse sans réforme sociale, et devient un agitateur belliqueux. Cherchant à imposer la Réforme à la Suisse par la voie des armes, il meurt en pleine mêlée, le 11 octobre 1531.

JEAN CALVIN, RÉFORMATEUR FRANÇAIS

Né en 1509, Jean Calvin profite, dès ses 12 ans, de bénéfices ecclésiastiques qui l'aident à payer ses études au collège de Montaigu,
où s'applique la pédagogie des Frères de la vie commune. Il y
gagne une connaissance encyclopédique des auteurs antiques et
de la patristique médiévale. Il est ensuite incité à suivre des études
de droit par son père, mais la mort de ce dernier, en 1531, le libère
de cette obligation.

En 1533, il se convertir et décide de vouer sa vie à Dieu. Devenu
protestant, il écrit l'*Institution de la religion chrétienne* (1536),
qui fait de lui une étoile montante du mouvement. Il termine sa
vie en 1564 à Genève, où il a instauré une république théocratique
et intransigeante.

LA RÉFORME

PAYS-BAS : LA *DEVOTIO MODERNA* ET LES FRÈRES DE LA VIE COMMUNE

Au XIVe siècle, la théologie spéculative des élites universitaires, par son degré de science et de complexité, ne cesse de s'éloigner du vécu spirituel du peuple, et l'universitaire néerlandais Gérard Groote (1340-1384) perçoit déjà la mésentente. Contemporain de Wyclif, Groote, afin de réconcilier la haute théologie et le vécu religieux, propose une spiritualité axée sur l'introspection qu'il appelle *devotio moderna*. Celui-ci soutient que l'union avec le Christ n'est pas une question de liturgie ou de grandes études, mais bien de cheminement intérieur et de simplicité de l'âme. Sa pensée repose en grande partie sur les enseignements de saint Augustin (354-430) et de saint Bernard (1090-1153). Mais les membres les plus éminents du clergé ne suivent pas le mouvement de réconciliation.

À la mort de Groote, son principal disciple, Florent Radewijns (1350-1400), organise la communauté des Frères et Sœurs de la vie commune, à Deventer, Zwolle et à Windesheim. Parvenu à la faire reconnaître par l'évêque d'Utrecht en 1423, la communauté religieuse gagne en importance et se dote d'une école élémentaire. Mais son succès, elle le doit surtout à la parution d'un petit ouvrage, *L'Imitation de Jésus-Christ* (1424), attribué à Thomas Kempis (1379-1471), qui présente les fondements de la *devotio moderna*.

ALLEMAGNE : LES 95 THÈSES DE LUTHER (1517-1521)

Quand Martin Luther se rend à Rome en 1510-1511, le jeune théologien mène une réflexion spirituelle qui voit ses idées se former et se mettre en place. Alors qu'il devient obsédé par la question du salut de son âme, il rédige en 1517 ses 95 thèses dans lesquelles il dénonce les abus du commerce des indulgences. S'il ne remet pas en cause son principe, il critique surtout le pouvoir exagéré qui leur est attribué : qu'en est-il de la contrition et du repentir, si le paradis s'achète ? Il s'en prend également directement à la simonie du pape et à la construction de la basilique Saint-Pierre rendue possible grâce aux revenus perçus.

Alors que les thèses de Luther se propagent à travers l'Europe, Léon X, ne pouvant perdre la face, promulgue une bulle, *Exsurge Domine*, en 1520, dans laquelle il les condamne et impose à Luther de se rétracter. N'ayant cure de cet ordre, celui-ci brûle la bulle sur la place publique.

Après le commerce des indulgences, il s'attaque à la critique du clergé régulier. Alors qu'il prêche le sacerdoce universel et critique l'autorité des prêtres, il démontre l'aberration des vœux monastiques. Il contribue ainsi à vider une grande quantité de couvents et de monastères, dont les biens ne demandent qu'à être saisis par les princes qui promettent de protéger le théologien rebelle. Luther, convaincu que le pouvoir spirituel ne doit en rien interférer avec l'exercice du pouvoir temporel, ne se préoccupe guère de ces spoliations. Lorsque celui-ci est convoqué à la diète de Worms, en 1521, il défend à nouveau ses idées. L'empereur Charles Quint le met alors au ban de l'empire, mais Luther ne s'en inquiète guère : le prince électeur et comte palatin de Saxe, Frédéric II, dit le Sage (1482-1556), le place sous bonne garde.

L'ÉVANGÉLISME ET LES PRINCIPES DU PROTESTANTISME

Il ne suffit pas à Luther d'avoir de puissants alliés politiques, il doit également légitimer sa rébellion. Pour cela, il argumente qu'il existe une autorité supérieure à celle du pape et de l'Église, celle des Évangiles. Quiconque raisonne clairement à partir des Saintes Écritures, soutient-il, ne saurait tomber dans l'erreur. Voilà pourquoi il sollicite la lecture du Nouveau Testament par tous, et le traduit donc en allemand, à partir du grec, pour le publier dès 1522. Il traduit ensuite l'Ancien Testament, à partir de l'hébreu, texte qu'il fait paraître en 1534. Sa Bible est d'ailleurs aujourd'hui considérée comme une œuvre fondatrice de la langue allemande moderne.

En plus de cet important travail de traduction, il détermine les cinq principes fondamentaux, ou *solae*, sur lesquels repose le salut de l'homme :

- *sola scriptura*. Luther détermine qu'il n'y a pas de plus haute autorité que celle des Saintes Écritures. Par conséquent, celle du pape est nulle et vide de sens ;
- *sola fide*. Luther nie l'importance des bonnes œuvres : il n'importe pas de vivre selon la morale, mais dans la foi, car la foi seule peut sauver ;

- *sola gratia*. Luther affirme également que l'homme n'est pas l'ingénieur de son propre salut. Dieu seul dispense la grâce et lui seul choisit qui sera sauvé ;
- *solus Christus*. Il n'y a jamais eu qu'un seul intercesseur entre les hommes et Dieu, soit le Christ. Par sa mort et sa résurrection, le Christ, à la fois homme et Dieu, a sauvé les hommes du courroux divin ;
- *soli Deo gloria*. Enfin, Luther proscrit tout autre culte que celui de Dieu : il est interdit de prier les saints, car ils ne sont d'aucune aide. Il ne faut avoir foi en nul autre que le Seigneur.

En posant ces principes, Luther se démarque du culte catholique et signe la rupture.

DÉBAT SUR LE LIBRE ET LE SERF ARBITRE (1524-1526)

Quand éclate la Réforme protestante, Érasme dispose d'une autorité intellectuelle internationalement reconnue. Sur certains points, le prince des humanistes ne peut qu'adhérer aux idées de Luther, car elles rejoignent les siennes. Érasme plaide en effet en faveur d'une lecture des Évangiles par tous, en ce compris les femmes. Néanmoins, il ne peut cautionner les méthodes impétueuses employées par Luther et, dès 1520, il pressent le drame que seront les guerres de religion. Cette année-là, il publie sa *Complainte de la paix*, dans laquelle il rêve d'une grande Europe unie par le christianisme.

Érasme s'écarte également des théories de Luther à propos du libre arbitre. Il pense en effet qu'il faut conduire son existence selon des préceptes moraux : l'homme doit employer sa volonté à accomplir de bonnes œuvres, et c'est alors qu'il obtiendra la grâce de Dieu. Il écrit à ce propos un traité en 1524, auquel Luther répond l'année suivante avec *Du serf arbitre*. Ce dernier traité prépare la théorie de la prédestination, telle que mise au point ultérieurement par Calvin et selon laquelle tout ce qui arrive à l'homme a été décidé par Dieu au moment de la Création, de sorte que chacune de ses actions est l'expression de la volonté divine. Luther campe donc sur ses principes et continue d'affirmer que l'homme ne joue aucun rôle dans son propre salut, et qu'il n'importe donc pas qu'il vive selon la morale ; il doit seulement vivre dans la foi. En outre, il insulte ouvertement Érasme dont il critique l'amour des œuvres païennes antiques. Il le qualifie d'épicurien et de sceptique, et souligne chez lui un manque de caractère et de conviction.

En 1526, Érasme répond point par point aux critiques de Luther, dans son *Hyperaspistes* en deux volumes, et conclut en remettant en cause l'autorité de Luther sur les questions théologiques, en vertu du fait que ce dernier a visiblement perdu le contrôle de son propre mouvement où les querelles ne cessent de surgir.

ALLEMAGNE : LA *CONFESSION D'AUGSBOURG* (1530)

De 1520 à 1530, la fracture entre catholiques et protestants se creuse. Les luthériens ne souhaitent toutefois pas fonder de nouvelle Église, car ils se perçoivent davantage comme les réformateurs de l'ancienne. Il n'y a donc aucun réel désir de schisme aux fondements de la pensée protestante, bien que Luther, en ayant tenu tête au pape, se soit lui-même placé *ipso facto* en dehors de l'Église.

Quand Charles Quint, afin de régler les problèmes politiques que soulève le protestantisme, convoque une nouvelle diète à Augsbourg en 1530, Luther, par sa mise au ban de 1521, n'est pas autorisé à s'y rendre. Il y envoie toutefois son disciple, Philipp Melanchthon (1497-1560). Au cours de l'assemblée, celui-ci explique la cause protestante par la *Confession d'Augsbourg*, qui en devient le texte fondateur. À nouveau, Charles Quint condamne les luthériens, et interdit quiconque de se convertir à leurs idées. Il rencontre alors une levée de boucliers de tous les princes germaniques qui se sont déjà convertis, le puissant duc Philippe Ier de Hesse (1504-1567) en tête. Ensemble, ils fondent la ligue de Smalkalde en 1531 et déclarent ouvertement la guerre à l'empereur en 1545.

LA *CONFESSION D'AUGSBOURG*

La *Confession d'Augsbourg* se divise en deux parties. La première traite des questions de doctrine et démontre que les protestants partagent l'idéal d'une Église chrétienne universelle ; la seconde, des pratiques culturelles (mariage des prêtres, messe, confessions, etc.). Le texte vise ainsi à une réconciliation entre protestants et catholiques.

En 1555, la *Confession d'Augsbourg*, telle qu'elle a été rédigée en 1530, devient la profession de foi officielle de l'Église luthérienne.

FRANCE : DE L'AFFAIRE DES PLACARDS À L'ÉDIT DE FONTAINEBLEAU (1534-1540)

Alors que le luthéranisme n'affecte dans un premier temps que l'Allemagne, François Ier (roi de France, 1494-1547) en a bien évidemment connaissance et se ravit de son essor puisqu'il peut tourner les choses à son avantage. Candidat malheureux à l'élection impériale face à

Charles Quint en 1519, il envisage à présent une alliance avec les nouveaux princes protestants pour lutter contre l'influence de son adversaire, dont l'une des ambitions est de soustraire les comtés d'Artois et de Flandre au royaume de France afin de les intégrer au Saint Empire. Mais pendant la nuit du 17 octobre 1534, des thèses protestantes au caractère séditieux et injurieux sont placardées dans les rues de Paris et dans d'autres villes françaises. Celles-ci trouvent même leur chemin jusqu'à la porte de la chambre du roi. À leur lecture, celui-ci se radicalise, confesse sa foi catholique et ordonne que des exécutions soient menées en vue de réprouver le mouvement. Plusieurs protestants, dont Jean Calvin, choisissent alors l'exil. En 1540, par l'édit de Fontainebleau, François Ier condamne formellement le luthéranisme et ordonne l'arrestation de tous ses disciples.

ANGLETERRE : DE L'ACTE DE SUPRÉMATIE À LA CONFESSION DE WESTMINSTER (1535-1563)

Henri VIII, en 1535, par l'Acte de suprématie, se déclare seul maître de l'Église d'Angleterre et fait de l'anglicanisme la religion officielle. Sa réforme, en marge du luthéranisme et purement politique, n'apporte cependant aucune nouveauté fondamentale et ne soulève aucun questionnement théologique : la liturgie et le culte catholique sont intégralement conservés, et seul le maître de l'Église change. Dans le nord, cela suscite quelques révoltes de la part d'une frange importante de la population qui dépend de la générosité des monastères. La répression se fait sans attendre. Thomas More est ainsi exécuté sur la place publique pour avoir abandonné sa charge de chancelier, refusé de participer à la spoliation des biens monastiques, et renié l'autorité d'Henri VIII sur l'Église d'Angleterre.

Sous le règne d'Édouard VI (1537-1553), qui succède à son père, l'Angleterre se détourne franchement du catholicisme et adopte plusieurs pratiques protestantes, dont la communion sous les deux espèces (pain et vin) pour les laïcs, la dissolution des chapelles et le mariage des prêtres. Mais Marie Tudor (1516-1558), qui s'empare du trône à la suite de son frère cadet, entend bien restaurer le catholicisme. Fille de Catherine d'Aragon, elle peut compter sur l'alliance de son cousin, Charles Quint, et du fils de ce dernier, Philippe II d'Espagne (1527-1598), quand celui-ci lui succède en 1555. Cependant, le règne de Marie Tudor est de courte durée et sa restauration n'est pas conduite à terme. Entachée par sa violente répression du culte protestant, elle est surnommée Marie la Sanglante (*Bloody Mary*). C'est la fille d'Anne Boleyn, Élisabeth Ire (1533-1603), qui lui succède sur le trône d'Angleterre. Celle-ci rétablit rapidement le culte protestant par la Confession de Westminster (1563) qui fonde véritablement l'Église anglicane.

SUISSE : LA RÉPUBLIQUE THÉOCRATIQUE DE GENÈVE (1541-1564)

La Suisse est l'un des premiers pays, avec l'Allemagne, à connaître la Réforme protestante, puisqu'elle est située dans le Saint Empire. Ainsi, quand Jean Calvin arrive en Suisse, il y trouve une terre d'accueil. Guillaume Farel (1489-1565), qui organise alors le mouvement à Genève, l'invite à participer à son entreprise. Peu à peu l'ancien juriste français devient l'un des grands penseurs du protestantisme grâce notamment à l'*Institution de la religion chrétienne*, un ouvrage qu'il perfectionnera tout au long de sa vie et qui fera sa renommée.

Si Calvin accepte d'y participer, il est banni de Genève, tout comme Farel, en 1538. Il est toutefois autorisé à y revenir en 1541. Aussitôt, il promulgue les ordonnances ecclésiastiques et gouverne la ville bourgeoise en tyran. Il impose des lois puritaines, met en place des institutions de contrôle de la population et fait ce qu'il peut afin de n'avoir aucun rival pour lui tenir tête, allant même jusqu'à faire exécuter ses divers opposants. En définitive, c'est une véritable théocratie qu'il institue sur laquelle il exerce une sorte d'aura spirituelle et morale qui contribue malgré tout à conférer à Genève un rayonnement international. Rapidement, la ville de Genève détient la réputation, pour certains, d'être la nouvelle Jérusalem. Du reste, les préceptes de Calvin connaissent un vaste rayonnement international et sont assimilés dans de nombreux foyers protestants à travers l'Europe.

DES GUERRES DE RELIGION À LA PAIX SOCIALE : VERS L'IDÉAL DE TOLÉRANCE

L'essor du protestantisme leur semblant inacceptable, Charles Quint et François Ier promulguent, tous deux, des édits d'intolérance religieuse. Mais la doctrine offre de nombreux avantages aux princes qui s'y convertissent en masse, confrontant l'empereur et le roi, de part et d'autre du Rhin, à des mouvements organisés de fronde de la noblesse.

Toutefois, en 1555, Charles Quint, ayant à cœur l'idéal du bien commun, décide de pacifier l'empire avant d'abdiquer. Par une nouvelle diète d'Augsbourg, il déclare que les princes territoriaux – et eux seulement, non leurs sujets – détiennent la liberté de conscience, selon l'adage latin *cuius regio, eius religio* (« tel prince, telle religion »). Mais, dès le siècle suivant, la guerre de Trente Ans (1618-1648) oppose de nouveau princes catholiques et protestants. La réconciliation amorcée n'avait donc rien de définitif.

En France, malgré les prescriptions de François Ier et son édit de Fontainebleau, le protestantisme n'est pas chassé du royaume, et les princes qui s'y sont convertis se font appeler les huguenots. Mais dans la nuit du 24 août 1572, alors que ceux-ci se trouvent à Paris pour célébrer le mariage de l'un d'entre eux, Henri de Navarre, avec la petite-fille de François Ier, Marguerite de Valois (1533-1615), ils sont sauvagement assassinés. L'histoire s'en souvient comme du massacre de la Saint-Barthélemy.

<u>## Le massacre de la Saint-Barthélémy</u>

Charles Quint intègre les comtés de Flandre et d'Artois au Saint Empire en 1525, mais le roi de France ne renonce cependant pas à ces fiefs qui relèvent de son royaume.

En 1566, le protestantisme provoque des révoltes en Flandre. L'amiral de Coligny (1519-1572), prince protestant et favori du roi Charles IX (1550-1574), y voit là une opportunité : en appuyant la révolte protestante, la France pourrait reconquérir les comtés perdus. Cela implique néanmoins d'entrer en guerre avec le comte de Flandre et d'Artois, Philippe II. Or le duc de Guise (1549-1588), prince catholique, voit d'un très mauvais œil l'idée de combattre un roi de sa propre confession. Par conséquent, il ordonne l'assassinat de l'amiral de Coligny afin d'empêcher la guerre.

Le 22 août, Coligny est pris pour cible une première fois, mais en réchappe. La nuit du 23 au 24 août, le conseil royal décrète sa mise à mort. Son meurtre s'accompagne du massacre des gentilshommes huguenots venus assister au mariage d'Henri de Navarre. La violence se généralise et gagne peu à peu les rues de Paris et d'autres villes provinciales.

Lorsque le dernier petit-fils de François Ier décède sans héritier, c'est Henri de Navarre qui est appelé sur le trône, en 1589. Il est le dernier descendant par voie patrilinéaire de saint Louis (roi de France, 1214-1270). Henri de Navarre, devenu Henri IV, se convertit au catholicisme afin de porter la Couronne, mais, par l'édit de Nantes, il reconnaît la liberté de culte de ses sujets protestants, monnayant leur discrétion et certaines conditions. En 1685, Louis XIV (1638-1715), son petit-fils, auquel on fait croire qu'il n'y a plus de protestants en France, révoque l'édit de Nantes par un nouvel édit de Fontainebleau, ayant la même teneur que le précédent. Ceci a pour conséquence de chasser les protestants de France et de priver le royaume de leur importante force commerciale.

La politique de tolérance de Charles Quint et d'Henri IV n'étant pas poursuivie par leurs successeurs, l'Europe connaît encore de nombreux maux liés aux guerres de religion durant le XVIIe siècle.

En définitive, il faut attendre le XVIIIe, soit le Siècle des lumières, pour que l'idéal de tolérance fasse l'objet de mûres réflexions et serve de fondement à la légitimité politique.

LA CONTRE-RÉFORME CATHOLIQUE

Les protestants s'étant arrogés le rôle de réformateurs de l'Église sans y être invités, la papauté met en place une réforme institutionnelle officielle, appelée la Contre-Réforme. Elle organise un concile œcuménique à Trente entre 1545 et 1563, dont le principal objectif est d'exposer l'erreur des nouvelles doctrines luthériennes, calvinistes et anglicanes, ainsi que de réaffirmer la validité des dogmes catholiques. Mais plus encore, plusieurs stratégies sont mises en place afin d'assurer l'assise catholique sur la population. À cet égard, l'architecture baroque, très courante à l'époque, présente un réel projet de propagande : le fidèle, en entrant dans une église, doit se sentir émerveillé par la maison de Dieu, et, dans cet émerveillement, sa foi doit se trouver renforcée. À l'inverse, les protestants préfèrent des églises sobres, où rien ne vient distraire le croyant de sa prière.

En parallèle, de nouveaux ordres religieux sont créés. Parmi les plus célèbres, il faut compter celui des jésuites, fondé en 1540. Intellectuels de premier plan, les compagnons de Jésus mènent la charge contre la pensée protestante et s'acquittent bientôt de missions d'évangélisation, non seulement outre-mer, mais aussi à travers toute l'Europe. Pendant ce temps, l'inquisition espagnole renforce ses moyens et veille à l'orthodoxie religieuse d'une main de fer. En Italie et en Espagne, le mouvement protestant n'aura que peu de prise.

LA FRACTURE NORD-SUD

Le protestantisme s'implante principalement dans le Nord de l'Europe, en particulier dans les pays de culture anglo-saxonne, germanique et scandinave. Les pays latins et slaves (à l'exception notable de la Bohême) se retranchent dans l'allégeance catholique. Cela forme une sorte de fracture nord-sud au sein de l'Europe, où les régions multiculturelles, comme la Suisse et le Benelux, servent de zone tampon.

Sur base de ce constat, le sociologue Max Weber (1864-1920) ajoute que la fracture religieuse a été aggravée par une fracture économique. Il remarque que les pays protestants, en particulier calvinistes, ont mieux amorcé le passage à l'ère industrielle et capitaliste, ceci pour des raisons idéologiques. Car si les calvinistes conçoivent que Dieu seul peut rendre la grâce et qu'il est donc inutile d'accomplir des bonnes œuvres, ils condamnent néanmoins fermement l'oisiveté : le travail est le signe d'être dans la grâce de Dieu et nul ne doit se reposer sur ses acquis, voilà ce que formule la théorie de la prédestination.

LE BENELUX AU CŒUR DE LA TEMPÊTE

Au XVIe siècle, le Benelux est compris dans un ensemble territorial, les Dix-Sept Provinces, qui regroupe approximativement la Belgique, le Luxembourg, les Pays-Bas et le Nord-Pas-de-Calais. Il s'agit d'un chapelet multiculturel de principautés qui appartiennent toutes à l'empereur Charles Quint. En 1548, celui-ci crée le Cercle de Bourgogne : les Dix-Sept Provinces constituent dès lors un territoire indivisible et quasi autonome, intégré au Saint Empire.

Philippe II, roi d'Espagne, hérite des Dix-Sept Provinces en 1556. Il les conçoit comme une région satellite et, à l'inverse de son père, en ignore les particularités. Le calvinisme trouve son chemin dans les Pays-Bas espagnols et une révolte iconoclaste éclate en 1566, à l'encontre du culte des saints catholiques, dont les représentations sont détruites. Philippe II institue aussitôt un Conseil des troubles, surnommé Conseil de sang, pour régler les différends religieux. De très importants nobles locaux ayant conduit la révolte sont exécutés, ce qui aggrave la situation.

En 1579, par l'union d'Utrecht, sept des Dix-Sept Provinces forment la coalition des Provinces-Unies et déclarent leur indépendance en tant que république calviniste bourgeoise. Ces Provinces-Unies (Pays-Bas actuels) bloquent l'estuaire de l'Escaut et c'est Amsterdam, au lieu d'Anvers, qui devient la nouvelle capitale portuaire du Nord de l'Europe. L'essor économique que connaissent alors ces sept provinces est sans précédent, et les historiens parlent à ce propos d'un siècle d'or. En revanche, les régions fidèles à Philippe II et à ses successeurs traversent un siècle de profonds troubles.

Entre le nord et le sud des Dix-Sept Provinces, la guerre perdure jusqu'au traité de Westphalie (1648), qui met également un terme à la guerre de Trente Ans.

EN RÉSUMÉ

1517	Publication des 95 thèses de Luther
1520	Le pape Léon X condamne les écrits de Luther
1522	Luther traduit le *Nouveau Testament* en allemand
1530	Mélanchthon explique la cause protestante à travers la *Confession d'Augsbourg*
1535	Henri VIII fait de l'anglicanisme la religion officielle de l'Angleterre
1540	L'édit de Fontainebleau condamne le luthéranisme en France
1541	Calvin publie l'*Institution de la religion chrétienne*
1545-1563	Concile de Trente
1555	La paix d'Augsbourg est signée entre luthériens et catholiques dans le Saint Empire
1598	Henri IV promulgue l'édit de Nantes, révoqué en 1685

- Dans les dernières décennies du XIVe siècle, deux théologiens, John Wyclif et Gérard Groote, perçoivent à quel point la théologie spéculative a éloigné l'Église des problèmes liés au vécu spirituel. Alors que John Wyclif critique l'utilité du clergé et voit ses écrits condamnés de façon posthume, les disciples de Groote travaillent en bonne intelligence avec la hiérarchie ecclésiastique et pérennisent leur congrégation des Frères et sœurs de la vie commune. Or, c'est précisément dans leurs écoles et selon leurs préceptes didactiques que seront éduqués les plus grands penseurs de la Réforme protestante, Luther et Calvin, ainsi que l'humaniste Érasme.

- Au début du XVIᵉ siècle, les dérives de l'Église atteignent leur paroxysme quand le pape Léon X vend des indulgences afin d'ériger la basilique Saint-Pierre de Rome. Anticléricalisme et antipapisme se développent alors au détriment d'une Église qui semble se préoccuper de son seul profit.

- En 1517, Luther attaque la simonie du pape et propose une réforme du clergé en rédigeant à ce propos ses 95 thèses. Le pape lui ordonne de se rétracter sous peine d'excommunication par la bulle *Exsurge Domine*. En guide de réponse, Luther brûle la bulle et se réfugie chez le comte palatin de Saxe. Depuis ce fief, le théologien de Wittenberg lance sa propre réforme. S'il convertit plusieurs princes germaniques à ses principes, son projet ne touche toutefois pas tous les intellectuels de l'époque. Érasme lui tient d'ailleurs tête sur plusieurs points et lui reproche tout particulièrement son impétuosité.

- Les différents réformateurs protestants divergent dans leurs opinions. Néanmoins, en dehors de l'idéologie dominante de Luther, il n'y a que celle de Calvin qui parvient à se démarquer véritablement et à connaître un essor international. Le luthéranisme s'implante principalement en Allemagne du Nord et en Scandinavie, tandis que le calvinisme se propage en Suisse, aux Pays-Bas et en Angleterre. La France, quant à elle, demeure longtemps partagée entre protestantisme et catholicisme. Certaines principautés d'Allemagne, comme la Bavière, refusent farouchement de se convertir à la Réforme protestante.

- L'essor du protestantisme provoque d'importantes fractures sociales au sein des États princiers d'Europe. Afin de résoudre les problèmes civils qu'elles provoquent, les autorités disposent de trois méthodes : condamner, compartimenter ou tolérer le protestantisme. Sur le long terme, néanmoins, il n'y a que la dernière solution qui s'avère viable. Les philosophes du Siècle des lumières le mettront en évidence, en faisant notamment triompher la raison sur la passion religieuse. Dès lors, bien que le protestantisme ait principalement voulu réformer l'Église, son développement a eu pour principale conséquence la lente laïcisation des États, soucieux de maintenir la paix civile.

POUR ALLER PLUS LOIN

SOURCES BIBLIOGRAPHIQUES

- BESNARD (Philippe), *Protestantisme et capitalisme : la controverse post-weberienne*, Paris, Armand Colin, coll. « U », 1970.
- BOUCHERON (Patrick), *Histoire du monde au XVe siècle*, Paris, Fayard, 2009.
- CHELINI (Jean), *Histoire religieuse de l'Occident médiéval*, Paris, Armand Colin, coll. « U », 1970.
- CHIFFOLEAU (Jacques) *et alii*, *Histoire de la France religieuse. Du christianisme flamboyant à l'aube des Lumières : XIVe-XVIIIe siècle*, Paris, Seuil, 1988.
- DELUMEAU (Jean), *Le christianisme va-t-il mourir ?*, Paris, Hachette, 1977.
- DITCHFIELD (Simon), « Decentering the Catholic Reformation: Papacy and Peoples in the Early Modern World », in *Archive for Reformation History*, 101, 2010, p. 186-208.
- DUBIEF (Henri) et POUJOL (Jacques), *La France protestante. Histoire et lieux de mémoire*, Paris, Éditions de Paris – Éditions La Cause, 2005.
- FEBVRE (Lucien), *Le problème de l'incroyance au XVe siècle : la religion de Rabelais*, Paris, Albin Michel, coll. « L'évolution de l'humanité », 1968.
- GONNET (Jean) et MOLNAR (Amedeo), *Les Vaudois au Moyen âge*, Turin, Claudiana, 1974.
- GOOSENS (Alice), *Les inquisitions modernes dans les Pays-Bas méridionaux. 1520-1633*, Bruxelles, Université libre de Bruxelles, 1997.
- GOUREVITCH (Aaron J.), *La culture populaire au Moyen âge*, Paris, Aubier, 1996.
- HALKIN (Léon-É.), *Érasme parmi nous*, Paris, Fayard, 1987.

- HILLERBRAND (Hans J.), *The Oxford Encyclopedia of the Reformation*, New-York – Oxford, Oxford University Press, 1996.
- JANSSENS (Paul), *La Belgique espagnole et la principauté de Liège (1585-1715)*, Bruxelles, Renaissance du livre, 2006.
- LÉA (Henry Charles), *A History of the Inquisition in the Middle Ages*, New York, Macmillan, 1906.
- LE GOFF (Jacques), *La naissance du Purgatoire*, Paris, Gallimard, 1981.
- LÉONARD (Émile G.), *Histoire du protestantisme*, Paris, PUF, coll. « Que sais-je ? », 1950.
- LÉONARD (Émile G.), *Histoire générale du protestantisme*, Paris, Presses universitaires de France, 1961-1964.
- LIENHARD (Marc), *Martin Luther : un temps, une vie, un message*, Paris-Genève, Le Centurion-Labor & Fides, 1983.
- MIQUEL (Pierre), *Les guerres de religion*, Paris, Fayard, 1980.
- NEGRONI (Barbara de), *Intolérances. Catholiques et protestants en France : 1560-1787*, Paris, Hachette, 1996.
- PEZET (Maurice), *L'épopée des Vaudois : Dauphiné, Provence, Languedoc, Piémont, Suisse*, Paris, Seghers, 1976.
- POLLET (J. V.), *Huldrych Zwingli : biographie et théologie*, Genève, Labor & Fides, 1988.
- PRESTWICH (Menna), *International Calvinism: 1541-1715*, Oxford, Clarendon Press, 1985.
- PUYO (Jean), *Jan Hus*, Paris, Desclée de Brouwer, 1998.
- THOMSON (John A. F.), *The Later Lollards. 1414-1520*, Oxford, Oxford University Press, 1965.
- TÜCHLE (Hermann) *et alii, Nouvelle histoire de l'Église. Réforme et Contre-réforme*, Paris, Seuil, 1968.
- VANEIGEM (Raoul), *Les hérésies*, Paris, PUF, coll. « Que sais-je ? », 1994.
- VÉNARD (Marc), *Le monde et son histoire. Les débuts du monde moderne*, Paris, Bordas-Laffont, 1967.

- Vischer (Lukas) *et alii, Histoire du christianisme en Suisse : une perspective œcuménique*, Fribourg, Labord et Fides-Saint-Paul, 1995.
- Weber (Max), *L'éthique protestante et l'esprit du capitalisme*, Paris, Gallimard, 2008.
- Wirth (Jean), « Le mythe du jeune Luther », in *Journal des Savants*, 1979, p. 207-234.
- Wolff (Philippe), *Histoire des protestants en France. De la Réforme à la Révolution*, Toulouse, Privat, 2001.
- Zwingli (Huldrych), *De la justice divine et de la justice humaine*, Paris, Beauchesne, 1980.

SOURCES COMPLÉMENTAIRES

- Calvin (Jean), *Institution de la religion chrétienne*, Genève, Droz, 2008.
- Érasme, *Œuvres et correspondances*, Paris, Laffont, 1992.
- Luther (Martin), *Œuvres*, Genève-Paris, Labor & Fides, 1957-2001.
- Montaigne (Michel Eyquem), *Essais*, Paris, Champion, 1989.
- More (Thomas), *L'Utopie*, Paris, Mame, 1978.

FILMS ET SÉRIE

- *Luther*, film de Guy Green, avec Stacy Keach, Patrick Magee et Hugh Griffith, Royaume-Uni, 1974.
- *La Reine Margot*, film de Patrick Chéreau, avec Isabelle Adjani, Daniel Autueil et Vincent Pérez, France-Allemagne-Italie, 1994.
- *Deux sœurs pour un roi* (*The Other Boleyn Girl*), film de Justin Chadwick, avec Natalie Portman, Scarlett Johansson et Eric Bana, États-Unis – Royaume-Uni, 2008.
- *Les Tudors*, série de Michael Hirst, avec Jonathan Rhys Myers, Henry Cavill et Natalie Dormer, Canada-Irlande, 2007-2010.

MUSÉES ET BÂTIMENTS COMMÉMORATIFS

- L'Église protestante de Bruxelles-Musée, Chapelle Royale, à Bruxelles (Belgique).
- Le mémorial Huguenot de l'île Sainte Marguerite à Cannes (France).
- Le musée Abraham Hans à Horebeke (Belgique).
- Le musée du protestantisme de la Réforme à la laïcité à La Ramade (France).
- Le musée Jean Calvin à Noyon (France).
- Le musée Rochelais d'Histoire protestante à La Rochelle (France).
- Le musée virtuel du protestantisme français (www.museeprotestant.org).
- La société de l'histoire du protestantisme à Paris (France).

www.50minutes.com

Éditeur responsable : Lemaitre Publishing
Rue Lemaitre 6 | BE-5000 Namur
info@lemaitre-editions.com

ISBN ebook : 978-2-8062-5980-6
ISBN papier : 978-2-8062-5981-3
Dépôt légal : D/2015/12603/177
Photo de couverture : © Gravure de Gustav Eilers, d'après
La Réforme de Wilhelm Kaulbach

Conception numérique : Primento,
le partenaire numérique des éditeurs